vmn

Salve!

Günter Henrich

Das Bocksbeutel-Cartoonbuch

Fränkisch von Hermann Hehn

vmn
Verlag M. Naumann

1. Auflage 2003

Gedruckt von
der Fuldaer
Verlagsagentur
in Fulda.

Bibliografische Information Der Deutschen Bibliothek
Die Deutsche Bibliothek verzeichnet diese Publikation in der Deutschen Nationalbibliografie; detaillierte bibliografische Daten sind im Internet über http://dnb.ddb.de abrufbar.
ISBN 3-936622-08-6

Echt fränkisch: der Bocksbeutel

Der Bocksbeutel ist wie selbstverständlich das Geschenk in Franken
schlechthin. Er passt zu allen Gelegenheiten, ist salonfähig,
und man kann dank seines köstlichen Inhaltes nie etwas verkehrt machen.
Ob der Bocksbeutel seinen Namen von der Ähnlichkeit mit dem
»besten Stück« eines Bockes oder von dem mittelalterlichen
»Booksbüdel«, einer Gebetsbuchtasche für Benediktiner-Nonnen hat,
wen interessiert das heute noch wirklich?
Der köstliche Inhalt ist es, auf den es wohl tatsächlich ankommt!
Der Bocksbeutel, gefüllt mit Wein –
typisch fränkisch, unverkennbar, einzigartig in Form und Inhalt!
Cartoonist Günter Henrich und der Mundartautor Hermann Hehn
haben dem Bocksbeutel jetzt durch seine gezeichnete Form
noch mehr Fröhlichkeit verliehen.
Am besten lässt sich dieses Buch bei einem guten Glas Frankenwein zur
Hand nehmen und schlicht und einfach mit einem Schmunzeln genießen.
Viel Spaß und – Prost!

Hilfe!

WEIN GUT
Hoffentli!

Wäßt, wos?
Ich hätt jetzt Lust
auf än gescheidä
Bocksbeutel!

Wos glotzt du denn sou?
Än guatn Hausschoppä
kann ich eefach net stehälass!

Ja, sag ämal!
Hast du noch nix von än
Weinsteebeißer
ghört?

Ich hätt doch zu dä Flaschäpost geh sollä!

Ner weil er von dä
Hofkellerei stammt,
meent er, er wär
wos Bessersch!

Reinen Wei
kann ich dir eischenk,
obbä bestimmt
keen Rheinwei!

Wer hat'n dich
sou voll gmacht?

Verrat nix!
Ich gäh heut
inkognito!

Denkt immä drou:
Ohne uns würd's ner
offeni Wei gäb!

Anstoß därfst, obbä doch net aufstoß!
Oooh, ich schaam mich ja scho dafür!

Gestattn: Müller-Thurgau
Angenehm

Ich hob keen Bock mehr!

Wein
doch net!

Ich wander aus!
Ich such mir a anneri
Weibergslag!
?

Mir höm fei die gleichi Ahnen!
Gläb ich net!
ESSIG

Wos hackst du denn dauernd auf mer rum?
Da is nix zu machä, ich bin halt ä Häcker!

Beim Anstoßä
immä ganz fest in die
Aachä schaun!

Jetzt fählt uns ner noch ä Bocksbeutel!

Du bist obbä
fei lieblich!

Je voller,
desto toller!

Mei Jugend
hob ich in än
Keller verbring müss,
danach höm se mich
an än Weihändler
verscherbelt.

Ruhe!!!
Ja, ja,
ich bin doch
scho still!
STILLES
WASSER

Kee Angst!
Zusammä holä mer
äs Letzti aus dir raus!

Fass!

Der hat een gezwitschert!
Quatsch! Der is rabenvoll!

Zieh!

Ich gläb,
mer sen im falschn
Film!

Guck ner!
Ä Franke
mit Stil!

Ä himmlisch's Tröpflä!
Bleib bloß da!

Da guckst, hä?
Wos ich alles kann!
Fall mer fei net!

Gall, du bist racht sauer?
Nää! Ich bin ner bloß ganz druggich!

Mei Labä
is verkorkst!

Noch nie wos
vom jungä Wei
ghört?

Wie mechst denn du des, dass du sou schlank bleibst?
Des liegt bei uns in der Flaschäfamilie!

Hast du irgendwo än Korkäzieha gsehn?

Ich steh
auf Frankn!

ROTWEIN ROUTE
Jetzt wart ich scho ä guati Dreiviertelstund, und äs is noch kee Roti vorbeikummä!

Na! Höm se dich
beim Boxä wiedä racht
gebeutelt?

In meinera Familie hat des Bocksbeutelspringa ä langi Tradition!

Wer än Wei säuft, sündigt! Wer än Wei trinkt, betet!
Also gut! Lasset uns beten!

Main Frankn
oddä
dein Frankn?

Alles Müller!
Oddä was?

Ich sauf net,
ich verkost!

Wie immä!
Und?

Am End vom Lied hat er ner gesacht:
Zum Teufel mit den Gelee(h)rten!

Ja, hast du denn überhaupt kee anneri Interessen außer, dass du saufst?

Ob's da obä
a Rebä gibt?

Beim Eisweiprobiera, musste dich warm anziehn!

Du söllst
doch net
sou spät les!
WEIN
LESE
BUCH

Äs ganzi Joahr
is Weihnachta!

Der hat
ausgetrunka!

Weitere Cartoonbücher von GÜNTER HENRICH

Des Äppelwei-Cartoonbuch

Das erste hessische Mundart-Cartoonbuch übers Stöffche.

Das Kölsch-Cartoonbuch

Das Mundart-Cartoonbuch für jeden Kölsche.
Jeweils 64 Seiten, gebunden, 10,00 €

Ei, wie? Ei, hessisch!

Ei, wie? Ei, hessisch! *Ei, zwei!*

Tiefste hessische Cartoon-Philosophie! *Ei*fach *ei*malige *Ei*er!
Jeweils 64 farbige Seiten, gebunden, 10,00 €

Ja, Virginia, es gibt einen Weihnachtsmann!

Der Briefwechsel zwischen der achtjährigen Virginia und dem Chefredakteur der Zeitung *The New York Sun* aus dem Jahre 1897 gilt als der amerikanische Weihnachtklassiker.
Die liebevollen Illustrationen stammen von Günter Henrich, die Übersetzung ins Hochdeutsche von Walter Sauer.
24 farbige Seiten, gebunden, 8,00 €

HERMANN HEHN

Fränkisches Adventskalenderbuch

Is der Ball werkli rund?

Horch und lach! **CD-Hörbuch**

und Bücher von weiteren fränkischen Autoren:

Der klaa Prinz

Äs Winnie-Bärla Puh

Das fränkische Wilhelm-Busch-Album

Schwarza fränkischa Schäfli

Wer lachtn an Weihnachten? CD-Hörbuch